QUELQUES MOTS

DE PRÉAMBULE

QUELQUES MOTS DE PRÉAMBULE

Je n'ai d'autre droit de mettre quelques pages au-devant de ces pages qu'une requête amie. Mon plus pressant désir est de voir les esprits les plus divers considérer et exposer ceci ou cela de la philosophie positive selon le point de vue qui leur est propre et qui résulte de leur état passé et de leur condition présente. Il est donc naturel que je favorise tout ce qui se fait, puisque l'on veut bien regarder comme favorable l'adjonction de mon nom au titre et de mes réflexions à l'opuscule.

Présentement et selon les nécessités du temps, la philosophie positive a deux tâches à soutenir, connexes et importantes : l'une relative à la sociologie qu'Auguste Comte a le premier réduite en science, l'autre relative à la doctrine du savoir général, et, partant, à l'établissement de l'éducation positive et au règlement des mœurs. Quand la première de ces tâches sera accomplie, c'est-à-dire quand les principes de la sociologie seront admis coûramment comme le sont les principes des autres sciences, la seconde seule lui restera, et son office apparaîtra dans sa grandeur et sa simplicité.

Toutes les sociétés, même les plus humbles, ont le pouvoir du progrès ou de l'accumulation, qui, ici, sont chose identique. Mais, dans ce progrès, il est des passages difficiles, et plusieurs sociétés ne peuvent les franchir ; elles demeurent à des degrés plus ou moins intermédiaires.

A mesure que ce progrès, cette accumulation s'effectue, le travail prend une plus grande part à la vie humaine. Dans l'origine, l'homme ne travaille point, à proprement parler, pas plus qu'on ne peut dire que l'animal travaille : il cherche sa vie, digère, dort et joue. Rien de plus fatigant et de plus onéreux que le travail pour l'homme sauvage ; c'est sous l'impression de ce sentiment primitif que la Bible, dans sa cosmogonie, a mis le travail comme une punition de l'infraction d'Adam. C'est aussi sous cette impression que s'est formé le préjugé de l'oisiveté aristocratique, recherchée par les classes supérieures, longtemps admirée par les classes inférieures.

Telle a été la révolution accomplie par le progrès de la civilisation dans le moral de l'homme, que le travail, qui était une souffrance à peine surmontable pour le sauvage et un fardeau imposé par le plus fort à l'esclave et au faible, est présentement l'emploi de la journée, le but de la vie, l'honneur de chacun, sauf, pour un certain nombre de vicieux qui sont une sorte d'animaux de proie et d'oisifs qui souvent ne valent pas beaucoup mieux que les vicieux. Le privilége de ne rien faire est de plus en plus rétréci dans l'existence, de plus en plus décrédité dans l'opinion. De ce côté, la cause du travail est gagnée ; grande révolution liée à toutes les autres, et gage de la meilleure répartition de la fortune sociale.

À ce moment et justement parce que le travailleur, affranchi, relevé par la civilisation progressive, est devenu capable de juger et de discuter sa condition, un grave événement est survenu dans le sein du travail : la guerre civile y a éclaté ; et le travail sans capital, c'est-à-dire les salariés, en est venu aux prises avec le travail à capital, c'est-à-dire les patrons. La grève d'un côté, le salaire de l'autre sont les armes du combat.

La lutte oscille, mais elle ne tourne pas à la conciliation. Il ne serait pas sage, en présence de la doctrine sociologique qui prévoit des changements sociaux, de penser que l'état présent est une solution suffisante du conflit. Il faut dire à la louange des ouvriers qu'ils ont eu le pressentiment de cette nécessité ; et, sous le nom de socialisme, ils ont formulé divers projets de reconstitution sociale, abstraitement conçus.

Ces systèmes socialistes pèchent par trois points considérables.

Le premier, c'est qu'ils n'ont jamais été expérimentés ; par conséquent personne ne peut garantir qu'ils vaillent mieux que l'état qu'ils seraient destinés à remplacer.

Le second point, c'est qu'ils sont formés indépendamment des bourgeois et des paysans, deux classes qu'il faut convaincre ou contraindre. Contraindre? Quelques-uns en parlent ; mais où la force pour exercer une action de contrainte sur deux groupes aussi considérables que les paysans et les bourgeois ? Convaincre ? mais alors comment agir autrement que par la liberté, par la discussion, par les réunions, par la presse, par les parlements ?

Le troisième point, c'est que les systèmes socialistes, supprimant l'état présent, ou, comme ils disent, le liquidant, prétendent établir un régime qui ne l'ait point pour antécédent. Or, cela est impossible; tout est gradation, transition, évolution; et l'on ne passera à une condition meilleure qu'en partant très-exactement de tous les éléments que contient la condition présente.

Donc les systèmes socialistes ne résolvent pas le problème, mais du moins ils le posent, et c'est beaucoup. En revanche, pourquoi n'avons-nous pas le socialisme des paysans et celui des bourgeois? Pourquoi? c'est que les paysans, vu leur moindre concentration, ne sont pas encore capables d'en avoir un, et que les bourgeois ne sont pressés d'y penser ni par leur situation matérielle ni par leur situation intellectuelle.

Les socialistes qui ont dit qu'on se passerait bien de science pour régler les conditions sociales, voulant en faire un objet purement moral, se trompent. On ne peut pas plus se passer de science pour perfectionner le régime de la société, qu'on ne peut s'en passer pour la construction d'une machine à vapeur ou de tel autre engin compliqué. Si l'on ne connaît, dans la dernière précision, les lois du calorique et de la vaporisation, la machine ou ne fonctionnera pas ou éclatera. La morale sociale indique le but; la science sociale enseigne à l'atteindre dans les limites du possible, c'est-à-dire ici dans les limites qu'imposent les lois de la production et de la répartition.

La condition de l'homme est dure, non à cause du travail nécessaire (au contraire, c'est là le bon côté de son existence), mais à cause que la maladie l'assiége, le vice le tourmente, l'inclémence de la nature l'opprime, la rudesse de l'évolution historique le met aux prises avec lui-même. Maladie, vice, nature, société, il a tout à corriger, utilisant les lois des choses, ne pouvant les changer. Il ne faut pas que l'utopie oublie ce qu'est l'homme, qui fut d'abord grossier, sauvage et peu au-dessus des grands animaux, et ce qu'est la terre, qui, pendant des millions de siècles, tourna autour de son soleil sans souci d'une humanité qui ne devint que tardivement possible.

Je ne sais s'il aurait mieux valu que les hommes naquissent égaux; mais le fait est qu'ils naissent inégaux, les uns l'emportant sur les autres en force en adresse, en santé, en beauté, en longévité, en moralité, en capacité pour les métiers, pour les lettres, pour les arts, pour les sciences. C'est de tels éléments que se forme le tout.

Le tout se divise sommairement en trois parts : l'une, à beaucoup près la plus grande, comprend ceux qui sont dans le taux moyen; une petite part est supérieure, une autre petite part est inférieure. La part supérieure procure par les découvertes l'avancement de la civilisation; la part moyenne consolide en adoptant et en élaborant; on traîne comme on peut la part inférieure. Ainsi les vraies inégalités ont leur emploi; mais à côté pullulent les fausses; celles-là, il faut les démasquer et les supprimer. Y eut-il jamais, par exemple, fausse inégalité plus déplorablement prise pour une vraie et plus féconde en désastres que Napoléon Ier?

On a plus d'une fois en des thèses philosophiques prétendu qu'à toutes les conditions afférait une somme égale de biens et de maux, et que le riche et le puissant avaient leurs souffrances particulières qui, en définitive, équivalaient aux souffrances du pauvre et du faible. Déjà, dans le XVIIe siècle, la Bruyère avait dit que cette question pouvait être posée par un homme riche, mais qu'elle devait être résolue par un homme pauvre. Pour moi, elle est toute résolue; et, sans penser que la richesse soit une panacée et qu'elle n'ait pas aussi ses maux particuliers, je n'hésite pas à dire que la condition du pauvre est soumise à plus de souffrances réelles que n'en a celle du riche. Ce qui, à mes yeux, a emporté la balance, c'est le spectacle de la maladie chez l'un et chez l'autre. Que sont les soins reçus par le pauvre dans son logis chétif, mal chauffé, mal aéré, à côté de ceux que reçoit le riche dans sa confortable demeure? Combien de fois n'ai-je pas vu de pauvres gens à poitrine menacée qu'on aurait sauvés ou tout au moins prolongés, si on avait pu les envoyer à Nice ou à Madère, et que le travail, le froid et l'humidité entraînaient à une mort douloureuse et rapide!

Les socialistes parlent au nom des classes ouvrières dont on peut les considérer comme des sortes de délégués; et cela est fort bien; mais en même temps, et cela n'est plus aussi bien, ils déterminent le sort des paysans et des bourgeois dans le régime que, sans les consulter, ils formulent pour la société.

Une vue partielle engendre facilement une vue partiale. L'évolution de la société en a fait un vaste organisme; et cet organisme peut se représenter ainsi : au premier rang dans l'ordre de l'ancienneté et de la simplicité se place tout ce que la nature donne d'elle-même, les champs, les bois, les fruits, les racines, les animaux qu'on chasse et qu'on pêche; c'est l'époque primordiale où l'homme ne travaille pas, mais où existe tout donné ce sans quoi

il ne pourrait jamais travailler. Puis vient la production agricole;
c'est elle qui nous fournit notre nourriture quotidienne, végétale et
animale. Ensuite se classe la production industrielle et le commerce qui procurent à la vie toutes ses commodités. Enfin, à mesure que se forme et s'accroît un excédant dans la production
agricole et industrielle, apparaissent le gouvernement et la politique, la morale et l'éducation, l'art qui charme, la science qui ouvre la route au progrès. Telle est l'évolution sociale, destinée à se
continuer indéfiniment. Elle ne dépend plus ni d'un évènement, ni
d'un homme, ni d'une classe; sa durée, sa consistance, son exten-
sion, sa régularité, son homogénéité la mettent au-dessus de toutes les éventualités concevables. Il n'est pas en notre pouvoir de
changer les lignes fondamentales de ce plan; il est en notre pouvoir de le redresser, de le corriger, de l'améliorer, en un mot de le
traiter comme tous ces grands objets naturels dont le savoir humain tire d'autant plus de services bienfaisants qu'il en connaît
mieux et respecte davantage les conditions essentielles.

Tout cela s'est fait par l'impulsion au mieux qui est inhérente
aux sociétes humaines, impulsion d'autant plus énergique que la
société elle-même est plus développée. Le trait caractéristique de
l'ère moderne, c'est d'avoir conscience de cette impulsion, de ce
développement; et, dans l'ère moderne, le trait caractéristique de
notre situation présente, c'est d'élever la condition des classes
moins riches et moins éclairées, et d'obtenir une meilleure répartition de l'instruction et de l'avoir commun. Certes on peut re-
prendre beaucoup dans le socialisme des ouvriers où la métaphysique et l'utopie ont une grande part; mais quiconque conçoit clairement et aime véritablement l'humanité progressive, doit recon-
naître que la discussion et la pression socialistes sont dans l'ordre
des avènements, qu'il ne serait pas bon à la société de se dégager
aujourd'hui, quand même elle le pourrait, du poids socialiste, et
qu'il ne lui est permis de s'enorgueillir de sa science qu'à la condition d'être dirigée par le but socialiste.

D'Alembert écrivait au roi de Prusse Frédéric II, le 30 avril
1770 : « Il est aussi atroce qu'absurde de voir les uns regorger
» de superflu, et les autres manquer du nécessaire. » C'est un cri
de socialisme. Pourtant on doit dire qu'il n'y a vraiment socialisme
que quand les classes laborieuses prennent ce cri à leur compte,
s'agitent pour le faire retentir, luttent contre le superflu et pour
le nécessaire, et mettent au service de la rénovation totale l'im-

mense grief qui leur est propre. Ici la philosophie positive intervient pour ajouter à leur programme une éducation populaire dont les bases intellectuelles et morales soient les mêmes pour toutes les classes,

De quelque mauvais exemple pour l'emploi de la violence que soit le coup d'état de 1851 en plein suffrage universel, toutefois il n'y a pas lieu de désespérer que ce même suffrage universel n'ouvre une issue pour sortir des dangereux recours à la force [1].

Le coup qu'il vient de porter à un pouvoir personnel qui semblait tellement au-dessus de tous les coups, est un gage de ce qu'il peut. On entrevoit sans peine l'aboutissement où il dirigera la destinée du pays, par une chambre sortie de son sein, et par une commission ou ministère sorti du sein de la chambre. Cela passe par-dessus la tête des constitutions et des dynasties. Quand, au milieu des purs accidents qui, à la vérité, ont signalé la chute de Louis-Philippe, on recherche la cause profonde qui créa pour lui le péril, on reconnaît que l'obstination étroite à retenir un système électoral qui barrait la transaction par le suffrage universel, a précipité le vieux roi de son trône. Ce que le suffrage universel est pour l'issue politique, il l'est aussi pour l'issue socialiste. C'est à lui que les socialistes doivent s'adresser ; c'est lui qu'ils doivent convertir. Pour le convertir, il faut des expériences et des lumières. Les hommes des classes ouvrières ont le nombre en plusieurs centres ; partout ils comptent pour beaucoup ; ils ne mériteraient pas le renom qu'ils se sont acquis, s'ils ne profitaient du temps de la transition présente pour peser fortement sur les délibérations publiques.

En ces circonstances, il importe aux ouvriers de rechercher par tous les moyens l'éducation, comme il importe à la communauté de la leur procurer par tous les moyens.

Le catholicisme eut le mérite (et c'est là un de ses plus grands services sociaux) de rendre les hommes moralement égaux, je veux dire de leur donner à tous par son catéchisme une morale commune ; c'est là ce qui y est essentiel ; le reste, théologie et cosmogonie, est désormais sans valeur. Aujourd'hui il s'agit de les ren-

---

[1] Je fais abstraction des bruits de coup d'état qui ont couru ; je n'y crois aucunement, pensant que le gouvernement a assez de celui qu'il traîne après lui. Il est donc inutile de parler des modes de résistance.

dre intellectuellement égaux, c'est-à-dire de les faire tous participants aux notions fondamentales du savoir positif; c'est le pas important à faire dans la phase présente.

Je conviens que d'abord cette éducation populaire ne différera pas beaucoup de ce que l'on distribue déjà sous ce nom, chichement en France, abondamment dans quelques pays protestants ; mais en cela, comme dans le reste, la condition inévitable est de partir de l'état présent pour l'agrandir et l'améliorer. De soi-même et par le progrès général, cette éducation acquerra successivement une plus grande part d'éléments positifs. C'est aujourd'hui la tendance spontanée de toute éducation. La favoriser est le devoir de ceux qui prennent intérêt à l'avènement d'un vrai pouvoir populaire.

Du langage catholique le terme de pouvoir spirituel a passé dans le langage de l'école positive. Il importe ici d'en dire un mot, pour en préciser l'idée. Le moyen-âge est le créateur de la notion corrélative du pouvoir spirituel et du pouvoir temporel ; au temps de sa splendeur, il les vit, chacun dans sa sphère, gouverner la société. Ce régime, appuyé sur le catholicisme et sur la féodalité, ne pouvait durer, que si la société ne marchait pas ; elle marcha, et il s'altéra. Le pouvoir temporel, qui était représenté par le suzerain et ses feudataires, devint l'Etat, ce qui est toute autre chose ; et, dans cette transformation, le pouvoir spirituel fut mutilé; il perdit une partie essentielle de ses attributions : l'éducation intellectuelle lui fut ôtée ; il ne garda que l'éducation morale. La séparation de ces deux éducations est contre nature. L'école théologique s'efforce de regagner ce qu'elle a perdu et déplore la mutilation qu'elle a subie. L'école métaphysique, admire l'œuvre de séparation et demande qu'elle se perpétue. L'école positive reconnaît, comme autant de gagné, la séparation, mais non pour la perpétuer, déclarant que l'éducation morale doit rejoindre l'éducation intellectuelle, qui ne peut plus être théologique ; ce n'est pas une morale arriérée qui attirera à soi une science puissante et active ; c'est cette science puissante et active qui attirera à soi la morale. L'éducation, à un jour donné, deviendra positive, aussi bien moralement qu'intellectuellement.

Il est donc naturel, que l'école positive pose la question d'un pouvoir spirituel nouveau, et appelle sur cet objet la discussion. Dans l'état actuel de l'expérimentation sociale, trois solutions, toutes trois provisoirement hypothétiques, se présentent à l'esprit:

ou bien, imitant le régime catholique et prenant modèle sur cette institution qui a longtemps prospéré, l'on conçoit la formation d'un corps spécial uniquement consacré à l'éducation de la jeunesse, chargé de la prédication auprès des adultes, consulté par les individus dans leurs difficultés morales et par l'Etat dans les difficultés sociales; ce corps est gouverné par un chef et reçoit une direction uniforme. Ou bien l'on conçoit que le corps existe, mais qu'il n'a pas de chef unique, et qu'il se régit par des assemblées. Ou bien enfin, l'on conçoit qu'il ne se crée ni corps spécial, ni chef, pour servir d'organe au pouvoir spirituel, et que ce pouvoir réside uniquement en des penseurs isolés, des philosophes, des éducateurs qui, de leur propre mission et sous la direction de la doctrine positive, agiront sur l'opinion publique et par elle sur les gouvernements. Comme cette troisième solution est la plus voisine de l'état où nous sommes, on peut augurer que c'est celle qui prévaudra d'abord. Quand elle aura régné suffisamment pour avoir été soumise à l'épreuve, on jugera si elle satisfait aux exigences d'une société beaucoup plus imbue des doctrines positives que n'est la nôtre, et s'il faut chercher une institution plus concentrée et plus spéciale. Mais, dès à présent et même au simple point de vue de la troisième solution, il convient de concevoir spécialement par pouvoir spirituel l'ensemble de ceux qui coordonnent et systématisent le savoir positif. Ce point de vue fait apprécier l'importance que la philosophie prend déjà et prendra davantage plus tard dans la solution des difficultés sociales.

Ceci est de l'avenir. A chaque temps sa tâche; la nôtre est d'appliquer toutes nos forces à la transition qui s'achemine vers l'état positif de l'intelligence. Elle comprend deux parts : faire prévaloir le travail sur la guerre, et le savoir positif sur la théologie.

C'est le résultat de l'histoire consacré par la philosophie positive, que, tandis que le but des sociétés antiques était la guerre, le but des sociétés modernes est le travail. La conquête, les dépouilles, le déploiement de l'habileté et de la vaillance, les péripéties de la lutte, l'exaltation du triomphe, tout cela satisfaisait l'ambition, l'esprit de domination, l'amour de la patrie. Combien faut-il que se soit exhaussé le fonds humain, pour qu'un aussi puissant mobile soit en décroissance aussi bien dans le fait que dans l'opinion, et que le travail, conduit par le haut savoir, prenne la tête et la direction ! Le travail est la lutte contre la nature, substituée à la lutte contre l'homme. Cela, qui en est l'idée essentielle, suffit pour montrer comment il mène à la solidarité du genre humain et à l'amour de l'humanité. Et qu'on ne craigne pas, avec le déclin de la guerre, l'amollissement des mœurs ; elles se sont souvent amollies au milieu des oisivetés militaires et des richesses de conquête. Rien n'est fortifiant comme le travail, aussi bien au sens physique qu'au sens moral. Le régime militaire passe au second rang ; dans ce passage, ce qu'il faut combattre activement, tout en rendant justice aux services que les armées peuvent rendre encore, c'est l'admiration insensée qui attache la grande gloire, la gloire populaire aux actes de guerre, uniquement et sans souci de la justice de la cause, parce que ce sont des actes de force, de domination et d'orgueil national. N'est-ce pas à ce sentiment désormais rétrograde qu'est dû l'attachement voué à la mémoire de Napoléon Ier, qui fut un fléau, et la résurrection impérialiste qui conduisit au coup d'État, aujourd'hui l'embarras de tout le monde ? N'est-ce pas hors de chez nous le même sentiment qui a produit l'enthousiasme malsain de l'Allemagne pour la victoire de Sadowa, dont le résultat n'a jamais été que des arrangements intérieurs ne valant pas les vies qu'ils ont coûtées ?

Tandis que le régime militaire ne s'accommode pas avec celui du travail, le régime théologique ne s'accommode pas avec celui du savoir positif ; ce sont des incompatibilités historiques. Que la théologie soit désormais inconciliable avec l'éducation intellectuelle, cela est aussi éclatant que le jour ; rien de ce qu'elle a conçu ne se vérifie ; ce qui se vérifie la contredit ; aucun chemin ne va de la théologie à la science ou de la science à la théologie ; et les biais que l'on prend pour plâtrer les dissidences sont pires certainement que des contradictions. L'incompatibilité avec l'éducation morale est moins apparente, à cause de la nature du sujet qui fait qu'un fonds commun existe entre la morale théologique et la morale positive, tandis qu'aucun fonds commun n'existe entre le savoir théologique et le savoir positif. Néanmoins, cette inconciliabilité se caractérise chaque jour davantage : le monde approuve une foule de points que l'Église condamne ; l'Église condamne une foule de points que le monde approuve. Et, comme, en somme, la supériorité morale a passé du côté du monde, l'Église ici aussi transige, c'est-à-dire perd de son autorité.

Quiconque réfléchira aux connexions sociales verra bien que l'inconciliabilité sur deux objets aussi importants que l'éducation intellectuelle et l'éducation morale entraîne une inconciliabilité générale, et que le régime marche vers un changement : la théologie doit devenir chose individuelle, et tout ce qui est collectif doit appartenir à l'ordre positif.

En cette transition, notre tâche quotidienne est d'agrandir la part du travail dans la direction de la société, et la part des éléments positifs dans l'éducation intellectuelle et morale.

E. LITTRÉ.

Novembre 1860.

CE QUE C'EST

QUE

LE SOCIALISME

CE QUE C'EST QUE LE SOCIALISME [1]

MESSIEURS,

L'année dernière, à la réunion internationale des démocrates qui a eu lieu à Berne, on s'est occupé, comme l'année précédente à Genève, d'organiser un congrès de la paix. Mais cette proposition, déjà très-importante, s'est compliquée encore de la question sociale posée à la date mémorable de 89; question qui n'a pu être résolue par la date terrible de 93, et qui ne le sera par aucune violence venant ni d'en haut ni d'en bas; elle ne peut non plus être résolue entièrement par aucune individualité, quelle que soit sa puissance; sa solution finale étant une rénovation morale générale.

Bien que la question sociale soit liée très-intimement à l'organisation d'un congrès de la paix, elle a néanmoins soulevé un grand tumulte dans l'assemblée, en mettant en présence deux opinions d'autant moins conciliables qu'elles marchent en sens inverse.

L'une que j'appellerai individualiste, après avoir présidé activement et utilement à la période de transition, est à bout maintenant; et, ne sachant comment absorber ou concilier la diversité des croyances qui se rapportent au monothéisme, ce qui constitue l'anarchie morale et intellectuelle des esprits, elle s'attache à garder le même régime autocratique, bureaucratique et militaire d'autrefois pour maintenir l'accord politique et l'ordre matériel; régime rétrograde, et, par conséquent, contraire à la marche ascensionnelle du corps social, marche qui suit nécessairement le progrès des sciences.

L'autre, que j'appellerai socialiste, veut franchir l'ère chrétienne et aspire à fonder la morale universelle, pour consacrer l'harmonie humaine.

[1] Ce discours, si les circonstances me l'avaient permis, aurait été prononcé au congrès qui s'est tenu en Suisse, dans l'année 1869.

L'opinion individualiste ou métaphysique, qui a élevé le prolétaire du servage à la liberté, comme le christianisme l'avait élevé de l'esclavage au servage, est à son tour, comme le christianisme aussi, devenue rétrograde; et ils encombrent l'un et l'autre le passage à une voie meilleure.

L'opinion socialiste, en franchissant l'ère chrétienne, est non-seulement progressive, mais elle est plus philosophique que la métaphysique, puisque le socialisme aspire à fonder la morale universelle, pour délivrer non-seulement le prolétariat de la misère et de l'ignorance, mais pour affranchir le monde de ce reste de préjugés surnaturels qui l'assujettissent encore au privilége, à la bureaucratie, au militarisme. Trois choses qui démoralisent les citoyens, soutirent la sueur et le sang des masses, séquestrent la liberté des peuples, subjuguent les petits États et asservissent les villes libres et les provinces indépendantes.

Trouver cette morale universelle, est la raison d'être de la libre pensée; et, en conséquence, tous les efforts d'intelligence des libres penseurs doivent d'autant plus tendre vers ce but que, pour couronner l'édifice d'une constitution sociale par l'harmonie humaine, il faut nécessairement déterminer une doctrine éducatrice plus philosophique que la métaphysique, dont le caractère multiple, contradictoire et subversif ne peut rien fonder de durable; ce que l'expérience confirme en effet.

Or, si les libres penseurs observent qu'à chaque pas que les sciences positives font en avant, le surnaturalisme issu de science mystique et idéaliste en fait un en arrière, ils doivent facilement comprendre que la science qui recule sans la moindre reconquête, sera vaincue un jour ou l'autre par la science qui avance incessamment; et que de la philosophie de celle-ci naîtra la morale universelle, aussi glorieusement que vainement tentée par le catholicisme.

Si, Messieurs, j'introduis la philosophie dans les débats politiques qui font le sujet de votre réunion, c'est que la question sociale qui en surgit nécessairement, relève plus de la philosophie que de la politique, parce qu'il est impossible, en civilisation, de perfectionner l'état physique et matériel du corps social, sans préalablement perfectionner son état civil et moral. Et désormais, celui-ci ne pourra être amélioré que par un système d'éducation qui aura la puissance de rendre le travail attrayant, de répugnant qu'il est sous l'insuffisance de l'éducation théologique, non moins

que sous la suffisance de l'éducation métaphysique : l'une nous
renvoyant onctueusement à une providence mal faite ; l'autre, à
une raison qui n'est pas mieux faite ; toutes deux méconnaissant
la réalité des choses ; si bien que ces deux grandes philosophies
qui moralisent et gouvernent les peuples les plus civilisés du
monde, n'inspirent en général aujourd'hui que trouble et confu-
sion. Tout au plus font-elles des philosophes sans science et des
savants sans philosophie ; voilà pourquoi nous tournons dans un
cercle vicieux d'où nous ne pourrions sortir sans reculer civile-
ment et moralement si le savoir positif restait stationnaire.

Alors on comprendra pourquoi la minorité des réunions politiques demande la suppression de l'éducation théologique, surtout
lorsque la logique spéculative des sciences, se substituant à la
logique élémentaire de la raison, conduit à éliminer l'instruction
métaphysique, qui, mutilée par ses concessions serviles à la théologie, dégénère fatalement en critique négative plus propre à
faire des sophistes et des rhéteurs, qu'à guider le bon sens.
La métaphysique et la théologie ne sont plus qu'une joute d'é-
loquence entre les partis pour escalader le pouvoir ; mais l'expérience démontre que ni les uns ni les autres n'améliorent
l'état physique et matériel des masses, l'état civil et moral des
citoyens ; chaque parti s'étant exclusivement occupé à faire de la
centralisation à outrance et à perfectionner le régime militaire,
justement deux choses qui produisent l'effet opposé ; la preuve,
c'est qu'à chaque révolution politique, les budgets des États et la
dette publique augmentent. Mais, en revanche, le parasitisme
théocratique et autocratique se prélasse dans l'abondance !!!

Pour attirer l'opinion individualiste des hommes de la majorité
vers l'opinion socialiste des hommes de la minorité, et faire
accepter aux uns et aux autres une doctrine commune, fondée
plutôt sur les lois naturelles qui régissent l'univers — et qui sont
en même temps accessibles à l'esprit humain — que sur les phénomènes surnaturels qui lui sont inaccessibles, il suffit à l'individualiste lettré, comme au socialiste inconscient, d'observer que les
sciences positives, inspirant des pensées fortes et judicieuses à
l'intelligence des hommes, multipliant et perfectionnant les fruits
du travail, développant l'industrie et le commerce du monde, ont
— sans lien entr'elles et sans la moindre influence sur le pouvoir
temporel — néanmoins rendu plus de services physiques, moraux,
civils, politiques, socialistes et économiques au corps social dans

ces dernières quarante-cinq années, que ne lui en rendent depuis longtemps l'éducation théologique, l'instruction métaphysique et la vanité héroïque.

D'où il suit apparemment, que, si les spécialités scientifiques qui fonctionnent à cette heure sans cohésion, étaient ordonnées hiérarchiquement dans une philosophie générale, et que cette philosophie fût, à la place de la métaphysique et de la théologie, prépondérante sur le pouvoir temporel et dirigeât comme elles l'éducation de la jeunesse, le progrès civil et moral s'accélèrerait incessamment, en y adjoignant toutefois l'enseignement esthétique pour faire marcher de pair avec l'industrie, les arts, la poésie, les jeux, la gymnastique, les fêtes nationales, le culte non des dieux de l'Olympe, mais de l'humanité ; car il faut honorer et remercier les morts illustres qui ont amené la civilisation au point où elle est actuellement, et qui ont fait du globe que nous habitons, non un paradis de providence, mais un séjour remanié et embelli par le travail.

Je sais bien que préférer le culte humain au culte divin est une action qualifiée par la théologie et la métaphysique de matérialiste, d'athée même. Mais pour que ces deux philosophies générales qualifiassent de cette manière et avec autorité une chose aussi sainte que l'amour de l'humanité, il faudrait qu'elles fussent demeurées les maîtresses de la civilisation ; car, en civilisation, il n'y a de saint que ce qui concorde avec le mouvement progressif des sociétés vers un savoir plus grand et une morale meilleure.

Si donc, en un demi-siècle, les sciences disséminées — sans aucune autorité officielle — ont honoré le travail, fécondé la terre, perfectionné l'industrie, rapproché les distances, prolongé la vie, solidarisé les intérêts des peuples, subjugué le surnaturel ; et qu'en outre les sciences aient diminué les peines du labeur, en produisant plus de fruits, meilleurs et moins chers ; alors on peut prédire sans être prophète, que, si elles étaient classées hiérarchiquement dans une philosophie générale, condensant tout le savoir humain, les sciences accompliraient en quelques générations formées par la doctrine positive à l'exclusion de toutes doctrines mystiques et idéalistes — qui font perdre un temps considérable à apprendre pour ne rien savoir que se disputer et se battre au nom d'une providence incompréhensible — un progrès civil et moral immense que l'on peut sans crainte de se tromper, formuler ainsi : Décroissance dans le temps employé au travail assujettissant, et augmentation dans le prix des salaires, non–seulement sans nuire à la production, mais en multipliant et en perfectionnant au contraire les fruits du travail à mesure que les sciences prendraient plus de développement ; ce qui en abaisserait encore le prix et les mettrait de plus en plus à la portée du producteur.

On peut encore ajouter, sans davantage se tromper, que ces fruits seraient d'autant plus judicieusement distribués que la vapeur, l'électricité et les autres applications particulières de la science, ne fonctionnant plus au profit de l'autorité parasite d'un absolutisme théocratique et autocratique, solidariseraient mieux les intérêts nationaux et internationaux des peuples. Dans l'état de pression où elles se trouvent sous le pouvoir temporel, les sciences positives n'exercent qu'une solidarité relative à l'accord des princes ; mais, aussitôt qu'ils font naître des éléments de guerre, soit pour occuper les esprits, soit pour se fortifier, aussitôt la solidarité des intérêts généraux se trouve sacrifiée à la vanité et à l'ambition héroïque des monarques et de leurs ministres ; vanité et ambition qui se traduisent invariablement par des monceaux de morts et des monceaux de ruines. Tant il faut d'hécatombes pour satisfaire l'orgueil des puissants, et pour apaiser le courroux d'une Providence dont nul n'est apte à connaître la pensée ! Exemple : la guerre entre le roi de Prusse et l'empereur d'Autriche ; guerre qui, en occupant exclusivement les chemins de fer et les télégraphes électriques, a — outre les morts et les ruines amoncelées — suspendu d'autant plus promptement les relations industrielles et commerciales, que les ouvriers et les patrons, arrachés à des œuvres productives et moralisatrices, ont été, aux dépens de leur vie, arbitrairement livrés à des œuvres destructives et démoralisatrices, si bien que, plus que jamais tous les états continentaux s'endettent, les peuples jouissant d'autant moins de la prospérité issue des sciences positives, que les princes retournent contre l'humanité ces instruments de civilisation. Si encore cette guerre avait été provoquée en vue de civiliser des barbares ! Mais non. elle a été excitée au contraire en vue d'agrandir des empires aux dépens d'États indépendants, de villes libres et de peuples civilisés.

Quelle est donc la cause de ce retour vers un passé si désastreux et que le progrès des sciences rendra plus désastreux encore, puisqu'aux fusils à aiguilles nous opposons les fusils Chassepot, et successivement des engins de destruction plus perfectionnés à mesure que les sciences se développent davantage? A cette question, le moins clairvoyant répond : que les fruits sont en rapport avec la semence. Or, la semence mise dans le cœur et l'esprit des hommes, n'est autre que l'éducation ; et, si aujourd'hui elle émane de la méthode qui tient tout à la fois de la théologie et de la métaphysique, c'est-à-dire du régime théologique et du régime révolutionnaire, les résultats persisteront infailliblement les mêmes. Ce n'est pas là, Messieurs, une appréciation partiale; car qui ne voit maintenant que, quelles que soient les concessions serviles que se font mutuellement la théologie et la métaphysique, jamais leur antagonisme ne s'annihilera.

Mais, en attendant que, dans ses comices futurs, le suffrage universel se décide entre l'éducation positive et l'éducation mélangée de théologie, de métaphysique et de science, dont l'esprit hétérogène disperse les opinions, permettez-moi, Messieurs, de continuer l'énumération des bienfaits que produirait une doctrine éducatrice positive.

Les ouvriers en travaillant moins de temps auraient plus de loisir pour soigner leurs intérêts particuliers, initier leurs enfants à la doctrine qui leur aurait rendu tant de services, et pour cultiver leur intelligence, qui, sans cela, s'amoindrirait par la division du travail nécessaire-à la perfection et à la multiplication des produits.

D'un autre côté, le travail, désormais assez rémunéré, suffirait à l'entretien de la famille de l'ouvrier. Alors les femmes pourraient rester chez elles pour soigner leur ménage et leurs enfants ; outre que ce serait moral, on restreindrait beaucoup les crèches, les salles d'asile, les orphelinats, les hôpitaux, les hospices, tout cet enchaînement circulaire d'embarras qui exigent des ressources extraordinaires multipliant indéfiniment la bureaucratie au détriment du travail producteur.

Enfin, ce qu'il y aurait de beau et particulièrement de moral dans ce nouveau milieu social, c'est qu'il ne pourrait pleuvoir de la manne sur les classes inférieures de la société, sans qu'il en tombe sur les classes supérieures. En d'autres termes, plus le prolétariat sera satisfait physiquement, moralement, intellectuellement, plus aussi seront satisfaits ceux qui, dans une sphère plus élevée, rendront des services plus considérables au corps social. De sorte que l'égalité des citoyens sera relative aux services effectifs rendus à l'humanité ; services qui prendront leur initiative dans une éducation universelle, le seul niveau possible pour faire avancer la civilisation, perfectionner les mœurs et égaliser des hommes différemment doués d'aptitude et d'intelligence.

Mais, demandera-t-on de toutes parts, d'où proviendra ce phénomène moral, sans exemple dans le monde? Uniquement, de ce que les hommes, avides de connaître la nature des choses, trouveraient, pour leur esprit et leur cœur, plus de satisfaction dans une doctrine éducatrice qui embrassera *positivement* le monde, l'homme et l'histoire, que dans la théologie et la métaphysique, dont l'une l'embrasse *mystérieusement* et l'autre *idéalement;* par la simple raison que la réalité a plus d'attrait que la fiction percée à jour.

Maintenant, Messieurs, si je me suis exprimé clairement, vous comprendrez que le socialisme issu d'une doctrine scientifique (c'est de celui-là que je parle), ne peut être autre chose que la consécration de l'ère moderne, exactement comme le christianisme, issu d'une doctrine théologique, fut la consécration du moyen-âge. Seulement, pour qu'il en soit ainsi, il faut qu'il suive, comme fit le christianisme au moyen-âge, la filiation historique et l'ascension philosophique, que l'avancement des sciences fait espérer bien plus aujourd'hui qu'alors.

Pour me faire mieux comprendre encore : le socialisme, c'est le progrès civil, moral, intellectuel et matériel tout à la fois. Progrès qui s'est affirmé : dans le paganisme, par la morale individuelle; dans le christianisme, par la morale domestique; et qui s'affirmera dans le positivisme, par la morale sociale.

Ainsi le socialisme actuel, que le positivisme accuse d'être utopique, et le positivisme, que le socialisme accuse d'être anti-révolutionnaire, se doivent pourtant donner la main. Le socialisme peut haïr le savoir égoïste et transcendant qui, dans sa folie, croit planer au-dessus de l'humanité ; mais, chaque jour, il se rapprochera de ce savoir que le positivisme, en le transformant en philosophie, a fait éminemment social Là l'amour de l'humanité s'épanouit comme en son sol naturel. De sorte que le positivisme est, comme le paganisme et le christianisme, un phénomène moral; et, s'il a plus de puissance civilisatrice que ses aînés, c'est qu'en même temps qu'il procédera d'un plus grand développement scientifique, il généralisera les sciences, pour démontrer expérimentalement que les lois naturelles qui régissent l'univers, doivent être substituées aux lois surnaturelles qui furent le régime pro-visoire de l'humanité.

Le socialisme, qui paraît être l'hydre aux cent têtes, prêtes à dé-vorer l'humanité et à engloutir la fortune publique, est, dans le fait, entre toutes, la plus grande, la plus intéressante aspiration ; car, pour que l'humanité suive le cours de ses destinées, il importe indispensablement que les hautes doctrines, celles qui sont tour à tour l'effet et le facteur du progrès, deviennent la propriété commune des classes populaires. Le socialisme est la voie par laquelle se doit faire cette incorporation ; les religions, dans leur développement successif, ne furent pas autre chose.

On peut être certain que l'esprit révolutionnaire des peuples et l'esprit de droit divin des princes font courir à la société occidentale, à l'heure qu'il est, les vrais dangers qui la menacent. Il importe souverainement au salut du corps social, de changer au plus tôt ses notions mentales surnaturelles pour des notions mentales naturelles : objectif, l'humanité qui est réelle, remplaçant le spiritualisme qui a pour objectif la divinité qui est hypothétique. Où donc serait le mal? Et en quoi cela pourrait-il offenser Dieu, lors même qu'il existerait réellement; ce que nul ne sait, pas même le pape, et bien moins encore les princes, qui ont cependant l'outre-cuidance de s'en autoriser pour jouer aux échecs des batailles la fortune publique, et faire de la chair du peuple, de la chair à canon.

La théologie et la métaphysique sont aujourd'hui deux mères marâtres qui divisent les familles et font le malheur du prolétariat, d'autant plus exploitables au profit des princes et des partis, qu'elles ont plus d'impuissance à être utiles. Une doctrine positive, dirigeant l'éducation, substituera, dans les esprits modernes, la connaissance réelle du monde, de l'homme et de l'histoire, à la connaissance fictive de ces trois choses enseignées par des doctrines mystiques et idéalistes.

Cette substitution du savoir *certain* au savoir *incertain* fera qu'à l'antagonisme des hommes et des États et à l'anarchie morale et intellectuelle des esprits, succèdera l'harmonie humaine inspirée par l'unité scientifique. L'avantage incommensurable qui résulterait d'enseigner le *certain* de préférence à l'*incertain*, c'est que la vérité, qui, une fois démontrée, ne se discute plus, mettrait les hommes aussi d'accord sur toutes les lois naturelles qui régissent l'univers, qu'ils le sont sur les deux lois scientifiques dont

l'une fait que deux et deux font quatre, et l'autre que la terre
tourne. Considérez maintenant que les spéculations théologiques
enseignent que notre globe est le centre du monde et le souci de
la Providence ; mêlez à cela les spéculations métaphysiques, dont
les débris s'agitent partout ; infusez aux unes et aux autres une dose
notable de spéculations scientifiques et positives ; et vous verrez
que nous reconstruisons une nouvelle tour de Babel, où personne
ne s'entend, faute d'une idée commune pour rallier les esprits.

Ainsi, en même temps que la réalité apprendrait aux hommes à
mieux savoir pour mieux pouvoir, elle couronnerait encore l'édifice d'une constitution sociale par l'harmonie humaine. Alors,
mais alors seulement, les petits États, les villes libres et les provinces indépendantes pourraient se confédérer avec les grands
États, sans nulle crainte de perdre leur autonomie ; car, étant désormais sous la direction d'une opinion essentiellement commune,
ils n'auraient plus besoin, ni d'armées défensives et offensives, ni
de bureaucratie excessive, ni probablement encore de tout un ar-
senal de lois, que chacun est censé connaître et que tout le monde
ignore. L'esprit de justice, si faible encore qu'il commence à peine
à poindre entre les classes et entre les nations, doit maintenant
franchir ce haut et difficile degré, et gouverner les rapports des
nations et des classes, parce que l'opinion publique, devenue homogène grâce à une doctrine éducatrice socialement unique, sera
naturellement régie par l'esprit de justice.

L'accord politique des nations et l'ordre matériel des masses se
maintiendront d'autant mieux que le pouvoir spirituel humain sera
substitué au pouvoir spirituel divin, et qu'il aura sur le pouvoir temporel le genre de prépondérance qui lui appartient. Je sais bien
que la prépondérance du pouvoir spirituel sur le pouvoir temporel
offusque infiniment et les princes et les partis ; cependant il faut
qu'il en soit ainsi, non-seulement pour en finir avec ces deux éléments qui sont devenus des agents de despotisme, mais aussi
parce que le pouvoir spirituel, quelle qu'en doive être la forme,
fournit les règles du savoir et des mœurs.

L'expérience démontre que 93, en décapitant le privilége et la
royauté, n'a pu les empêcher de renaître de leurs cendres ; d'un
autre côté, l'autocratie des princes et les violences rétrogrades
n'ont pu supprimer les éruptions tantôt violentes tantôt morales de la révolution. Dans le ballottement entre l'autel et le
trône, entre la théologie et la métaphysique, la révolution cherche

son chemin, n'étant satisfaite ni quand le pouvoir temporel se subordonne le pouvoir spirituel, comme cela se fait aujourd'hui, ni quand la métaphysique fait sa part à la théologie. Son aspiration propre est confuse et inconsciente ; ce n'est qu'à fur et à mesure que les événements lui font dire ce qu'elle veut ; et plus elle s'avance, plus elle tend partout à instituer une société purement laïque, où la théologie, cessant d'être sociale, devient purement individuelle.

Bien qu'il soit impossible de faire rétrograder la marche naturellement ascensionnelle du corps social, néanmoins il s'est trouvé une individualité assez imbue de l'*infaillibilité de son moi*, Napoléon I*er* (les générations futures n'y croiront pas, tant le méfait fût grand), pour vouloir, se posant en demi-dieu, arrêter le développement issu de la révolution ; et, comme cela paraissait un prodige surhumain, le monde d'alors, plus nourri d'idéal métaphysique que de science positive, chanta sur tous les tons la puissance surnaturelle de l'empereur sacré par le pape. C'est sur cet encens que les historiens proclamèrent à l'envi l'un de l'autre, que cet homme était le plus grand qu'aucun siècle eût jamais produit. Au lieu que la postérité ne lui laissera probablement pas même le titre de grand capitaine, parce qu'après avoir pris violemment des mains de la république le gouvernement du peuple français, son génie militaire n'a pu, avec ce peuple victorieux, conserver la puissance morale et territoriale que la révolution avait acquise à la France. Sa défaillance a été telle, que, sans protester par sa mort dans un dernier combat, il a abandonné en désarroi et à la merci de ses ennemis la France régénératrice de l'ère moderne.

Nonobstant cet exemple funeste et cette chute colossale, rien n'y fait ! Le roi de Prusse cherche l'empire d'Allemagne ; il gagne la bataille de Sadowa ; et le peuple allemand, enivré de cette fumée de victoire, est tout absorbé dans des projets d'unité et de puissance ; il a payé, à mon sens, trop cher cette unité qu'il n'y a plus qu'à lui souhaiter heureuse ; mais, pendant ce temps, les peuples du continent européen meurent d'inanition sous les coups de bruits alternatifs de guerre ou de paix.

En faut-il davantage, Messieurs, pour vous démontrer que non-seulement les coups d'État, les révolutions politiques, les somptuosités intempestives, les ruses diplomatiques, les guerres *in extremis*, sont impuissants à rallier les opinions, à perfectionner les mœurs et à civiliser le monde ; mais que toutes ces choses malsaines détruisent, outre qu'elles tuent les hommes, la fortune publique, et grèvent le présent et l'avenir, non sans surexciter encore l'esprit révolutionnaire des peuples. Le vertige des armements est partout, si bien que, la centralisation aidant, la moitié de la population de l'Europe se trouve opprimée par l'autre moitié qui lui ravit — aux applaudissements de la majorité des grands corps des États — les plus beaux fruits de son travail et le plus pur de son sang.

En présence de cet état social si anormal, qu'y a-t-il à faire, sinon de suivre l'enchaînement historique, qui montre qu'aussitôt qu'une religion n'a plus assez de puissance spirituelle pour discipliner les esprits, la morale sociale s'alanguit, quels que soient d'ailleurs les efforts que peut faire le pouvoir temporel pour la revivifier. Pourquoi ? Parce que, le temporel étant l'autorité matérielle, et le spirituel l'autorité morale, celui-là ne peut régir celui-ci sans inspirer des sentiments personnels, dominant les sentiments impersonnels, et par conséquent, sans que l'intérêt particulier prenne la place de l'intérêt général. N'est-ce pas, en effet, ce que l'histoire contemporaine enregistre chaque jour, au compte des princes, des églises et des États, aussi bien qu'au compte des partis ?

Il faut aujourd'hui quelque chose qui s'universalise. Si la religion catholique n'a pu remplir la prétention annoncée par son nom et s'universaliser, c'est moins l'effet de la violence exercée par la théocratie — qui, comme tous les principes absolus, n'importe la zone olympienne d'où ils partent, ont la violence pour aboutissement fatal — que le résultat de la défaite que les sciences positives ont infligée au surnaturalisme ; défaite qui a amené la défaillance de la foi, entraînant avec elle toute sa puissance morale. Universalité, foi et puissance morale n'appartiennent plus qu'à ce qui se démontre.

Pouvoir spirituel et pouvoir temporel sont des expressions par lesquelles on désigne la manière dont se forment la doctrine et les mœurs, et la manière dont les intérêts généraux sont administrés. Pour que le pouvoir spirituel reste désormais prépondérant sur le pouvoir temporel et soit à jamais bienfaisant, non-seulement il doit relever de la positivité de l'expérience scientifique, pour obtenir une morale publique, systématiquement ascendante ; mais il faut encore éliminer de l'éducation sociale la théologie et la métaphysique,

d'abord, parce que ces deux grandes doctrines sont irrémédiable-
ment antagonistes, et qu'en conséquence, elles alimentent fatalement la révolution ; ensuite, parce que, pour entretenir le parasitisme de ces deux philosophies générales, il faut nécessairement
l'ignorance du prolétariat; sans quoi, qui paierait l'opulence des
augustes maîtres et des hauts et puissants seigneurs ? Le monde
moderne croit de moins en moins aux phénomènes surnaturels et à
l'autorité du privilége, et croit de plus en plus aux lois naturelles et à l'autorité du savoir.

Plus cette évolution de croyance se prononcera, plus un congrès
de la paix aura de l'efficacité. Mais tant qu'il y aura désunion
pour les familles, misère pour le prolétariat, malheur pour les
peuples, paix armée pour les nations, guerre de conquête pour
les césars, satisfaction pour l'orgueil, jouissance pour les oisifs,
un congrès de la paix fera des vœux impuissants.

Quant à la valeur intrinsèque de la liberté que les révolution-
naires disent être une panacée universelle, soyez sûrs pourtant, Messieurs, qu'elle restera sans influence socialiste, tant
qu'elle n'aura pas, non des lois pour la limiter, mais le savoir
positif pour l'éclairer et une morale publique pour la guider; deux
choses corrélatives. La preuve s'en manifeste évidemment aux
Etats-Unis d'Amérique, en Angleterre et en Belgique, où la liberté
d'action, de pensée et de conscience est la moins entravée, et où
cependant le socialisme n'est pas plus avancé que chez nous. Si
bien que des socialistes d'un de ces pays ont pu dire qu'ils faisaient
fi de la liberté, et qu'ils se concentraient dans le souci des intérêts
socialistes. Non, ce n'est pas avoir achevé la révolution que d'avoir
conquis la liberté et le suffrage universel; mais c'est s'être procuré
des instruments pour l'achever. Il faut, plus qu'on ne fait, im-
primer à une éducation commune le cachet du savoir positif; il
faut, plus qu'on ne fait, soumettre au savoir positif la gestion de
la chose publique. Rendre l'individu meilleur dans une société meilleure est l'achèvement de la révolution et le terme du socialisme.

Heureux les peuples qui, les premiers, soit par la magnanimité
de leurs princes, soit par leur propre initiative, remplaceront
l'éducation hétérogène, antagoniste et parasite de la théologie et
de la métaphysique par l'éducation homogène, socialiste et effec-
tive du savoir positif! car, outre l'exemple salutaire qu'ils donne-
ront au monde, ils seront, entre tous les peuples, les premiers en

civilisation et en industrie ; et si cet exemple provient de la magnanimité de leurs princes, ceux-ci seront rangés entre les grands
hommes qui ont aimé l'humanité.

Si ce discours est sensé, politique, historique et philosophique, je
le dois aux publications de philosophie positive, publications que j'ai
lues avec d'autant plus d'attention, qu'elles m'ont paru renfermer
des vérités faciles à comprendre, même pour des personnes qui,
comme moi, viendraient, sans lettres et sans autre préparation
qu'une vie de pratique, à l'étude des questions sociales.

Félix AROUX.

Le 5 août 1869, Foucart, près Fauville (Seine-Inférieure).

FIN

VERSAILLES.—IMPRIMERIE CERF, 59, RUE DU PLESSIS.